「万人の知恵 その十三」

生き生きと輝くためには ふんわりまろやかなゴムまりのように

～親と繋がると子に繋がる！

著者 新倉かづこ
工藤 直彦

編集 万代宝書房

生き生きと輝くためには

ふんわりまろやかなゴムまりのように

～親と繋がると子に繋がる！

もくじ

まえがき

本書にメインゲストとして登場する新倉かづこ氏は、企業研修・セミナーマナー講師で株式会社ナルミ 代表取締役社長です。上質な輝きを放ち自分らしさを追求する紳士淑女が集う新倉かづこコミュニティ「ナルミサロン」主宰しています。「どんなに自立してる方でも人と寄り添い、励まし癒されたり…そのような関係を求めているだろうと思い、コミュニティサロンを立ち上げました」と新倉氏は語ります。

もう一人のメインゲストの工藤直彦氏は、論語、哲学、心理学などを学んでおり、音楽事務所アーティスティックコミュニティの代表（本人は、ミュージシャンでもある）です。ちなみに、「万代宝書房」の名付け親は、工藤直彦氏です。

私はお二人との自然会話形式の鼎談《ていだん》をし、その内容は、まさに「知恵は万代の宝」と感じたのです（収録：二〇二〇年六月九日）。

そんな折、視聴者の方から、「是非、この内容を書籍にしてくれないだろうか？」との要望を受け、この度、「万代宝書房　万人の知恵チャンネル」で放映したお二人のライブトークの内容をテープ起こしして書籍化し、「人類の宝」として、国会図書館に贈呈し、後世に残すことにしました。

「人は幸せになるために生まれてきている」といわれています。しかし、我々は、「成功するための勉強」はしても、「幸せになるための勉強」は殆どしていません。

本書が、「幸せになるための勉強」の一助になれば、幸いです。

二〇二〇年十一月吉日

万代宝書房 代表
釣部 人裕

第一話　寄り添い癒されるサロン「ナルミサロン」

マナー講師から事業展開している新倉かづこ氏。娘に託せる事業と託せない事業があり相談を持ちかけます。自身で本を出した経験のある工藤直彦と釣部人裕が「属人性の強い個」をも伝えていく方法などを語り合います。

一人の人間では、できる事も与えられた時間も限りがあります。どうやって形にして他人や後世の代に託すか悩まれている人必見の収録です。

1、人格を磨くサロン

釣部：皆さん、こんばんは。万代宝書房『万人の知恵チャンネル』の時間になりました。今日はゲストに新倉かづこさん、工藤直彦さんに来ていただいております。よろしくお願いいたします。また、ゲストにたくさんの方に来ていただいております。どうもありがとうございます。

まず、自己紹介をお願いしたいと思います。新倉さんお願いいたします。

新倉：はい。美しいマナーと幸せを感じる生き方をお伝えしている、株式会社ナルミ代表の新倉かづこと申します。よろしくお願いいたします。

工藤：いつもありがとうございます。音楽事務所と哲学の私塾を運営しております。工藤でございます。よろしくお願いします。

釣部：よろしくお願いいたします。本日はコロナの自粛明けということもありますが、もう満席。実はお断りするということも起きておりまして、新倉さん、すごい人気だなと思いました。こんなに集まらないですよね、工藤さん。

工藤：そうですね。いいんですかね？　こんなに入って。自粛明けとはいえ。

釣部：一応この会場のギリギリの人数ということで。やっぱり新倉さんの人気といいますか、人徳といいますか、人格といいますか…。

工藤：それしかないでしょう。

新倉：ありがたいです。今日、追加のご連絡も何人かいただいて…。嬉しいですね。

釣部：来ることが全てではないですけど、やはり来ていただけると、嬉しいですよね。新倉さんは、サロンというのもやられているんですよね？

新倉：はい。「ナルミサロン」といいます。今日は「ナルミサロン」のメンバーも来てくださっていますね。ありがとうございます。

釣部：そのサロンというのは、どういうことをやられているのでしょうか？

新倉：私がもともとあいおいニッセイ同和損害保険会社のOLをやっていたとき、最後の役職は秘書で終わりましたが、いろいろな役員さんを見て、**肩書だけを意識して過ごしている人と、本当に部下を可愛がり同僚と仲良くしていた、そういう人たちが役を降りたときに大きな差がある**なと思ったんです。

年賀状の枚数に差があるんですよね。肩書が外れたら急に年賀状が来なくなりました。でも、本当にその人を好きだったら肩書がなくても、一個人となったときに、その人にやっぱりいつまでも寄り添ったり、会いたいと言ったり。そういう年賀状の枚数でこんなに違うのかということを感じたときに、やっぱり最後は一人ひとり個々の人間のあり方なんだなと思って…。で、「新倉かづこのコミュニティ」をつくりたいとずっと思いを温めていて、2年前に立ち上げたんです。

損害保険会社OL時代の新倉氏

釣部：なるほどですね。僕は教員だったんですけど、ある校長先生がいて、お正月やお盆に集まるんですよ。ところが退職されると急に集まる人数が減るんですよ。僕は関係なくお世話になったので、呼ばれたら行っていたんですけど、そうしたら退職した後、「釣部先生な、こんなもんだぞ。結局俺の人格と思っていたけど、俺の役職に人が集まっていたんだ。寂しいもんだ」と言っていたんですよね。

新倉：そうですか。まさにどう生きてきたか、どう人と接してきたか、それが最後に結果として表れちゃうような、そんな感じをずっと思っていたんですね。だから、やっぱり最後はみんなに惜しまれて天国に行けるような生き方したいなと思って。それでコミュニティを・・とずっと思っていて。

どんなにしっかりとしている人でも寄り添ったり、癒されたいと思うのではないかと感じていてそのようなサロンをつくりたくて立ち上げました。

釣部：工藤さんその辺をお願いします。

工藤：まずお聞きしたいのが、「ナルミサロン」の〝ナルミ〟の名前の由来は？

新倉：よく訊かれるんですよね。

ナルミサロン主催のイベント

工藤：うん。今の価値観と関係があるんですか？

新倉：実は関係ないんです。「株式会社ナルミってどうしてそういう名前を付けたの？」ってよく聞かれるのですが、会社を立ち上げた当初、いろいろな占いに凝っていたんですよ。そのとき北斗占術という本当に聞いたことのない占術があって、それを学んでいたんですね。

そのとき私が持っている星が「成宮（セイキュウ）」という、成功の成に宮と書いて成宮という星を持っていて、仕事を立ち上げるんだったら成宮、成功する、成功したいと思って、この成功の成を〝ナル〟と考えたんです。

あと、美意識を常にもって生きていきたいというのがあって…。安田成美（女優・ナレーター・歌手）さんの成美だなと思って、それを片仮名にしたんです。画数をちょっと見て。それだけのことだったんですね。

工藤：成るに宮で宮っていう字にも〝み〟という響きがありますよね。

新倉：はい。成宮というその成るに宮っていう文字が妙に気に入ったんですよ、自分で。

工藤：なるほどね。それで「ナルミ」になったわけですね。

新倉：はい。そうなんです。だから、当時の思いというのを忘れないようにと思って…。

工藤：でも、今の価値観とそんなにかけ離れてないんじゃないですか？

新倉：かけ離れてない？　良かった！　かけ離れているって言われたらどうしよ

うと思っていたんです。

工藤：立身出世を求める人って世の中かなりの割合でいると思うんだけど、定年退職っていうものがある世界にいる人は、間違いなく役職がなくなったときに寂しくなるっていう現象が起きますよね。

ただ、我々自営の世界だと健康で働けるうちがずっと現役なので、僕も脱サラ組なんですけどね。

脱サラしちゃったらあんまりそういうのって気にならなくなってきているなと思って。だからこそ、**役にこだわるとか、社会的地位にこだわるというよりは、どう人と関わってくか、どう役に立てる人間になるかっていうところに意識が向かう**ようになりますよね。だから、結果的に今日になっているんじゃないですかね。

新倉：そうですね。

釣部：新倉さん、前のお仕事のときに役職で生きている方々と一緒に仕事して、結果的にそう感じた？

新倉：そう。見てきたんです。

釣部：一生懸命お仕事はされているんですけど…。

新倉：人を観察していました。

釣部：部下というか若い人が役職としてその方を見て、人間として見ていなかったという？

新倉：そういう人もいれば、本当に人間として見ている人もいる。最後に自分の役が降りたときに出るなって…。

釣部：その方の人生にですね。

新倉：そんなふうに思ったんです。社長だって降りれば一人の人間になる。でも、その社長に会いたいと、同窓会にその社長が来るんだったらみんなで行こうと、そんなふうになれたらいいなって思って…。今までの現役時代のあり方が、どう生きてきたかがそういうところで表れるんだっていうのを、ずっとO

L時代に思ってきたんです。

工藤：なるほどね。

新倉：会社を立ち上げていろいろな法人会にも入り、いろいろな肩書のある方もいるけれども、そこだけで見るんではなくて。**人としてのあり方を見て、私としては紳士淑女を目指して、そういう自分になるための夢を持ちながら、絆を深めて個々の幸せを築き上げていく、そんなサロンにしたい**なと思って3年目になります。今日、そのお仲間のメンバーも何人かいらしてくださっています。

釣部：では、人格を磨くといいますか、人間性を磨く？支え合うという？

新倉：そうですね。やっぱりどう頑張っても一人でそんな強がってはいられないので、お互い助け合ったり、励まし合ったり癒したり、そんな関係を築きたいなと思って、そういう活動を今中心にやっています。

釣部：僕が新倉さんと知り合って、存在を知ってからまだ数年で、親しくなったのはここ最近、倫理法人会の講話で豊島に来ていただいたからなんですけど。すごくカリスマではないですけど、「新倉かづこ」という存在ってすごく大きいなと思うんですよ。

企業様のインストラクター研修で

そのナルミサロンや会社というのは、一身専属というかご自身一代で終わるのか、継承されるものなのか。難しいですがどうお考えなのかなと思ったんですけど…。

新倉：そうなんですよね。現在会社の役員として娘の新倉香織がいまして。私の仕事はマナー講師から始まっていますが、じゃあ、娘に同じことができるかっていうとそうではなくて…。

もうひとつ、母の生業であった不動産賃貸管理もナルミに取り入れているんですけど、これは娘に託していけるかなとか。

だからコミュニティについて、まさに今日工藤先生にお聞きしたいことがありまして。私、新倉かづこは、個の人間なので、私がいなくな

ナルミサロン新倉かづこバースデーパーティー

ったときにどう継承していくことができるのか、それともスパッとやめてしまうのか今後どうしようかなという思いと、とにかく今を一生懸命生きていればいいのかなっていう思いがあるんです。

釣部：その点、工藤さん、どう考えたらいいでしょうか？

工藤：俗人的なところで集っているのであれば、その方が他界なさったら偲ぶ会をやるぐらいしかできないですよね。だってもういないんだもん。だから、そのために**何か残すものをつくらなくてはいけないかな**と思いますよね。

この仲間がみんな倫理法人会の繋がりで友人になっているのでしょうけれ

ど、そもそも哲学の私塾を始めたのが安岡正篤先生に繋がる勉強会のお世話役をやっていたのがきっかけなんです。それで本も出させていただいて、哲学の私塾もやるようになっていったんですけれど、安岡先生がご他界なさった後でも、先生から教わったことを今でもシェアをし合う勉強会っていうのが日本中各地にあるんです。

　そういった形になれば、新倉さんがあと何年生きられるのか分かんないけれど、50年やそこら生きそうな気もするけれど、でもその後に**「新倉かづこイズム」というのを引き継ぐような人たちが語り合うことで勉強会やサロンなどが存在するっていうのはあり得る**よね。

　なので、「新倉かづこ」という人物であってコンテンツではないけれど、例えばそのコンテンツを後世に残すというのをつくっていなかったら、それは死んだらなくなる。でも、**何かコンテンツのようなものを残しているのであれば、ずっと残っていく。**

　僕は哲学をずっとやり続けている人間なので、例えば孔子にしても孟子にしてもそう。ソクラテスでもプラトンでも誰でも、**それは何か思想的なものが後世に残っているから、未だにそれを学ぶ人が出て**くるわけ。

　でも、新倉さんに会いたいだけで人が集っていると、新倉さんに会えないんだったら嫌になっちゃう。それは何か残す手立てっていうのを考えられてからやっていかれるといいんじゃないかなと思いますけどね。
新倉：すごく参考になりました、今。ありがとうございます。

2、メッセージを発信していくこと

釣部：聖書とかって、イエス本人は書いてないですよね。
工藤：書いてない。
釣部：弟子が聞いた話を解釈したものを書いていますよね。
新倉：そうですね。
工藤：論語も孔子が書いてないですからね。
釣部：弟子ですよね。だから、読み方の違いが出てきたり、後世の者が変えられるんですよね。でも我々が勉強している倫理法人会、「倫理」では、丸山敏雄先生自身が書いたものが残っているんですよね。

新倉：確かに。

釣部：哲学とかイズムとかいろいろなものに当てはまるのですが、何かを残すとしたら本を書いて、「新倉かづこ」はこういうことを考えているんだ、こういうことを思っている人間だったんだよっていうものがあれば、それを基にしてずっとサロンそのものが残る。会社であれば経営理念とかビジョンとかがあればそれに沿って第三者や後輩たちが判断して残していけると思うんです。

新倉：そうですね。

工藤：そのとおりですね。ただ、今いるサロンのメンバーたちが後世に語り継ぐような形になっているのであれば、特に自分があれこれしなくてもいいんだろうけれど、それって説得力のある話し方ができる人とか、あとは文章を書く能力がある人とか、そういうものがある程度揃っていないと、後世に勝手に伝えてくれないよね。

新倉：うーん…。

工藤：そこのところよく考えてみて。例えばキリストにしてもお弟子さんたちがいて、孔子にしてもお弟子さんたちがいて、それがそもそも先生に負けないぐらいのすごい学術的な能力というか、そういうのが高い人たちがいたから本人は何も書かなくても後世に残るっていうことがある。

新倉：そうですね。

工藤：それがないのであれば自分で書くしかないよねってことだよね。

新倉：そうですね。私自身話すことも好きだし、心の喜びを伝えることも好きだし、メッセージをどんどん発信していきたいんだけれど、やっぱり**書くということがとても大事**で…。だからブログも13年ぐらい書き続けているんですけれど、それをなんらかの形にしたいと思い、本を出版しようかなとか、ずっとそんなふうに思って悶々としながら過ごしている。そこに自分の弱さがあるような気がして。だから思い切って、逆に私から質問をさせていただこうかなと思っているんですけれど。

工藤：ブログって何年ぐらいやってらっしゃるの？

新倉：13年ぐらいになるでしょうかね。

工藤：どのぐらいの頻度でアップしているの？

新倉：ちょうど今日、野中さんがいらっしゃるの。野中さん、今何万字になっているんですか？

野中：１００万字を超えました。

釣部：おお！

工藤：１００万字超えた！

新倉：実は野中さんに編纂してもらったんです。やっぱり形にしたいということで。もしこれを本にするんであれば、１５０ページはもう優に超えるんですけれど、いろいろ精査して。なので多少まとめてはいるんですね。

工藤：確か10万字ぐらいになると一冊ぐらいに？

釣部：はい。十分なりますよ。

工藤：ですよね。ということはもちろん精査するんでしょうけど、本がつくれますよね。

5〜6歳頃すでに両親は離婚

新倉：そうですね。なので、13年間の思いを書くか、やっぱり今の思いを書くか、それでまだ自分が踏み切れてないんです。

なぜそう思ったのか。実は最近、亡くなった父がそばにいるような感じがしてならないんですよ。両親は私が4歳のときに離婚していて、それから37年間父と会わなかったのに。なんだか「かづこは、もうここでやるんだよ」と

4歳。父と高円寺の自宅で

言われているような気がして。

当時は掃除機がなかったので…、はたきって知っています？

工藤：覚えている、覚えている。

新倉：知っている？　良かった。

工藤：年齢的にギリギリかもしれない。

新倉：父が私をおんぶして、はたきで埃をはたいて…。その時の温もりをすごく思い出すんです。いつも本棚にはたきをかけている姿、慈しむように本を読んでいる姿、それをすごく思い出したんですね。父と別れてから長い間会わなかったんですけど、手紙をずっと書き綴ってくれていたんです。それから37年ぶりに会ったとき父の半世紀を書いた、手書きの分厚い自叙伝を私にプレゼントしてくれて。それが形になって私の手元にあるので、こうやって**死しても尚メッセージが残るって素敵だな**って。

だから私もそれを受け継いでいこうと思ったんです。やっぱりそういうものが本なのかなって。

工藤：なるほどね。

釣部：例えば今録画している映像も残りますよね、ずっと。この後 YouTube に投稿しますから。抵抗は？

新倉：ないです。もうどんどんやりたいと思っています。

釣部：お話するのは問題ないんだけど、本というものになると？

新倉：何でしょうね？

釣部：「話し言葉」と「書き言

200 頁に及ぶ父の自伝

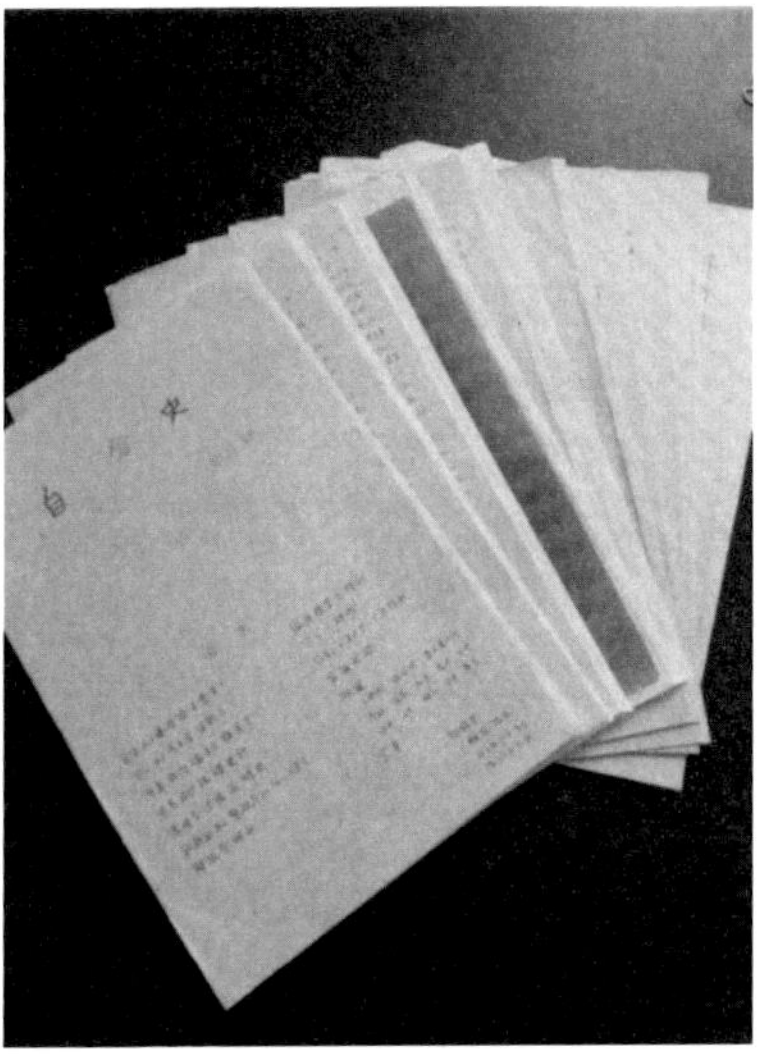

葉」は違うってことなんですよね。

新倉：うん。でももう踏み出そうと思っています。私はどちらかというと有言実行より、不言実行のほうがカッコいいと思っていたんです。ギリギリまで言わないで、パーンッと「実はこうなの！」ってやり方が私の美学だったんですけど、それじゃやっぱりだめだなと。**やりたいことは言葉に出さないと絶対できない**なと思って、こうやって言うようにしたんですね。

工藤：なるほどね。

新倉：で、今日工藤先生と釣部さんに「新倉そんなんじゃダメだよ」と後押ししてもらいたいと思ったんです。

釣部：文字だけに限るのであれば、今日ここで喋った内容は二ヶ月後ぐらいに本になっちゃうんです。編集はしますけれども。だからもう一冊は決まっちゃいました、ここに来た時点で。

新倉：そういうことですね。

釣部：はい、決まりました。あとはご自身で書かれたものを出せば二冊目ということになるんですよ。

新倉：確かに取材を受けて私の名前が載っている本は何冊かあるんです。でもやっぱり自分の名前で出したいと。

工藤：自分の文章じゃないとね。

3、自分なりの親孝行を

新倉：そうなんです。母も91歳なので、元気なうちに残してあげたい。**私の書いた本を両親に捧げることが自分なりの親孝行になる**のかなって思うようになって…。これは一歩踏み出して、頑張って書こうかなと思っています。

釣部：僕のことで例えると、実は去年、太平洋戦争のガダルカナルの戦いの生き残り兵だった親父の手記が出てきたのでそれを本にしたんです。でも当時は万代宝書房を創ってなかったんで、他社から自費出版で出したんですよ。

現在の母と箱根旅行。2か月に一度は温泉に

出した後にお線香をあげて、報告したときにパッと思ったのは、親父は俺の出版社で出してほしかったんだろうなと思ったんです。だけどもう他界していたので僕の名前で出したんです。で、本文に釣部二郎と入れたんですよ。

でも年が明けてからやっぱり違うと思って、それを再編集して、釣部二郎、釣部人裕と僕ら親子の名前でうちの出版社で出したんです。今度は、国会図書館に残るわけです。そのとき僕はこれで親父に喜んでもらえると思ったんです。

新倉：そう。

釣部：誰一人も読まないなんてこ

となないと思いますし、そんなに売れる本でもないですけれども、ただ、親父の生きた証と親父の反戦と平和の願いが人類の歴史に残ったんですよ。誰かが50年後、100年後に「戦争はだめだ」とか、「ガダルカナルとはなんだったんだ」というときに、現地に行って戦った男の手記が残るってことは、つまり僕が死んでも親父は生きていることになるんですよね。

新倉：そうですよね。

釣部：だから、よく**「生は死なり」**とか**「死は生なり」**といいますけど、**親父の生を本という形で残したことで、僕は親孝行を一つできた**かなと思う。よく「はじめに」や「あとがき」に「この本を○○に捧げます」とある、あの意味がやっと分かったんですよ。

新倉：そうですね。

釣部：それまでは、「これを妻に捧げます」とかってあると、なんか上手に怒られないように書いているんだろうとしか思わなかったんです。でも「この本を父に捧げます」というこの一行の重さを、僕は今回初めて体験したんです。

僕の誕生日に合わせて発刊するようにしたんです。命をもらったことに対して、同じ日に親父の本を出すことが子どもである僕なりの親孝行。そして50年後、１００年後でもあのことを知りたいと思った人類に、誰か一人に届くようにと思って出したんですよね。

新倉：魂が入りますね、そうなるとね。

釣部：きっとそう思うし、息子さんや娘さんやお孫さんが何年か後に、もしかしたらお亡くなりになった後。21世紀に「新倉かづこ」という人がいて、こんなこと考えていたんだよって形として残れば…。

新倉：そうそう。そういうふうになれたらいいなって…。やっぱり最終的には影響力がいりますよね。工藤先生なんかすごいじゃないですか、今。私もぜひ影響力を持った生き方をしたい。そのためにはやっぱり形に残さないとダメなのかなと思って…。言っているだけではダメだし。

なら書いて話して聞いて、そういう繰り返しで残していきたいと。形にしたいというふうに思っています。

釣部：はい。皆さんも読みたいですよね？　新倉先生の本ね？
（一同、うなづく）読みたいって。

新倉：ありがとうございます。そうですよね。やっぱり頑張らなければいけないですね。

釣部：今のは、書く宣言と取ってよろしいですか？

新倉：そうですね。そうします。

釣部：年内ぐらいで？

新倉：年内でできるのかしら？

釣部：だって原稿があるわけですから。あとは編集する人に任せて校正をかけていけば良い。出版社にもよりますが、原稿がないと大変です。でも、原稿があるのであればそんなに時間はかからないです。

新倉：そうですね。ターゲットをどうするかとかいろいろ考えたんですけど、あんまり考え過ぎるのもね。

釣部：ターゲットはお母さんじゃないですか？

新倉：そうなんです。40、50、60代の女性を対象に考えていたんです。幸せの感じ方とかね。常に生き生きと輝くためには、例えば恋をしようとか、そういうことも含めて「好きなことをやってね！」ということを書こうと思って…。でもそれが母に捧げるということには繋がらなかったんですね。

釣部：ご自身がそうやって生きたからこそ、そう思われるってことですよね？だけど親からすると「うちの娘、こんなこと考えて、こんなふうに人に与えているんだ」と思うだけでも十二分に幸せなんじゃないですかね。

第二話　親と繋がると子に繋がる

親の繋がりが子どもの幸せへ②

離れてしまった父から膨大な量の自叙伝を受け取った新倉氏。工藤直彦氏は単に出版を目指すだけの個人の目標にしてしまわないことを説きます。父に思いを馳せ、自分の先人の親の想いを受け取っていくことが大事と解説していきます。
あなたは、父、母の強い想いを代弁して原稿が書けますか？ 新倉氏自身の体験も交えた親子の繋がりに対しての深いテーマの内容となりました。

1、目標を立てる時は先を見据えて

新倉：先ほども言いましたけど、好きなことをやってねっていうことを書こうと思って。でもそれが母に捧げるということには繋がらなかったんですね。

釣部：どうなんですかね、その辺？

工藤：お父さまの手書きの手記、自叙伝がおありになるっておっしゃいましたよね。

新倉：はい。あります。

工藤：それを出版しようとは少しも思わなかったんですか？

新倉：思わなかった。

工藤：なぜ思わなかったんだろう？ これね、先ほど釣部さんもおっしゃっていたけれども、例えばYouTubeとか動画配信とか、もっとやりたいって何度も思うんだけど、出版に関しては「どうしたもんだろう？」と思っちゃう私がいるっていうことだったよね？

新倉：ええ。

工藤：これって何でそうなるのかというと、**本を出すことを目標にしてしまうと、そこがゴールになってしまう**ので、どうしようと思ってしまうんですよ。それを成し遂げた後の自分が見えないから。

そうじゃないんですよ。出版っていうのは一度きりのことじゃなくって、それをきっかけに講演依頼が殺到したり、名刺代わりになったりするってことがあるわけです。本を書いたことがあるというだけで、呼ばれ方がさん付けから先生に変わったりね。そういうことから自分の文化人的な立場ができちゃうんです。本をたった1冊出すだけで。それって目標設定を本を出すことではなく、お父さまが残された自叙伝を世の人に読んでもらうんだって目標にする。その通過点として娘の私が本を書いていくんだというイメージで…。

例えば新倉さんが作家として名を成している状態をイメージしてね。なんでもいいんですよ。ブログでもエッセイでも、場合によってはノンフィクション書いてもいいいし。なんでもいいと思うんだけれども、**作家としての地位ができたと**

きに、実は私の原点はこれですって言ってお父さまの手記を出す。
そうなると、商業ベースに乗るかどうとかじゃなくて、「あの新倉先生のお父さまが書いた文章」ということである程度出ちゃうじゃないですか。そこを目標にすると出すか否か、書くか否かって逡巡する理由がなくなるでしょう。
目標を立てるときには先の先を見据えて、そこまでいくとどうなるのっていうことを考えてやらないと、達成した瞬間に腑抜けてしまったり、燃え尽きてしまったりってことが起こるんですよね。
それを通して何をしたいのってことが僕は大事だと思う。もしかしたら来月にはもう出ているかもしれない。今したためている文章がすでにあって、やるって決めたらたぶん来月には出せますよね。

釣部：出せますね。

工藤：でしょう。技術的に難しいことは何もないんで。

新倉：いや、ちょっと涙が出てきた。

工藤：先を考えたときに、母に捧げるとかじゃなくて、お父さんの書いた文章を世に出したいんだ、それが目標なんだって。だから手始めに出しときますねでいいじゃん。

あと何年生きられるか分かんないけれどもね。仮に20年、30年先にとうとうお父さんのものを出せたことになったときの自分と、なんとなく「新倉さん書いてくださいよ」と言われて惰性で書いた自分と、**どっちのほうが自分なりにイケてる自分になっていますかってことなの**。

目標設定はもっと先に考えて。そうすると自分のためにやるんじゃなく、違う意味が出てくるので、パワーの桁がぐんと変わるんです。自分の本を出したい、それはあなたの目標でしょう。あなたの夢でしょう。子どもが「サッカー選手になりたいの」っていうのとあんまり次元が変わらない話なの。

だから、その人のことを好きな人は応援してくれるけど、みんなが感動はしないよね。でも、お父さまが書かれていた手記はこんな厚さだっていうんでしょう。何で書いたのかな？　と考えてみて。しかも本が好きだった方でしょう？

新倉：はい。

工藤：そういう方が、ただ娘が読んでくれりゃいいやって、自分のことについて書くかな？

新倉：いいえ、そうじゃないと思う。

工藤：出版っていうのはその時々に於いて事情があるんですけど。空前の出版ブームっていわれてもう10年以上経ちますかね。

釣部：もうだいぶ前ですね。

いつもノートに気づいたことを書く私

工藤：ですよね。でも、はっきり言って**今は一家言（その人独特の意見や主張。また、ひとかどの見識のある意見）持っている人は誰でも本を出せる時代**なんですよ。昔はそうじゃなかったですよね。パソコンもネット環境もなくって。

釣部：出版社のフィルターが高かったですから。

工藤：作家の先生たちも原稿用紙に書いて、それを編集者が取りに来て「先生締め切りです。穴開きます。どうします？」というやり取り。今では考えられないけどね。そんな時代だから出したい思いはあったんだけど、とても出せなかったんじゃないのかな。だったら、そのお父さまの思いを汲んで私が出すって決めれば。

新倉：なるほど…考えてもなかったですね。

工藤：その通過点として、まず私が出してみるねって。お父さんの本をパーフェクトな自分で出したいから、まず私がいろいろ試行錯誤しとくねっていうぐらいの気持ちで出しちゃえばいいじゃない。

新倉：そうですね。

工藤：でも、今はブログ経由で出している本でも読みやすいものが結構多いよね。ブログ自体を読みやすく書いている人が多いから。

僕の愛読書のひとつにＳＢＩホールディングスの北尾さんの本があるんですよ。この会場にも彼が好きな方が何人もいると思うん

北尾吉孝＝日本の実業家、SBI ホールディングス代表取締役社長 CEO で、SBI インベストメント代表取締役執行役員会長。SBI グループの創業者でもある。

ですが、彼も中国古典にすごく造詣が深い方で。それとビジネスをリンクさせたようなことといっぱい書いているんだけれども、ブログから拾ってできた本があるんですよ。すごく読みやすい。

新倉：そうなんですか？

工藤：ブログって根性入れて読むものではなく、なんとなく好きな人がまるで週刊誌の見出しを読むような感じで読んでいくものなので、読みやすく書くじゃないですか。だからまず、お父さまの書かれたものを世に出す、その経験を積む為にそういうものを出してみるんです。自分のものではなく、お父さんのものを出すんだっていう目標設定にするともう逡巡する理由がない。今から始めればって感じだよね。

2、自分のブランドを作る

新倉：なんか今思い出しちゃってね。37年ぶりに京橋の喫茶店で父と再会したとき、そのときに自叙伝をプレゼントしてくれて。「かづこさん、ごめんなさい」とテーブルに頭を突っ伏して離婚したことをごめんなさいと…。「お母さんを今でも愛しています」と。

でも、父はもう再婚して二人の娘さんもいたんです。それをプレゼントされたときはまだそんなに父に会いたくなかったし、私なりに思うところがあって見なかったんです。そのときに父が私に一言「かづこさん」と言ったんです。もう「さん付け」ですよね、37年も会ってないと。

「かづこさんとお母さんのことをもっと書きたいんだけど、今の奥さんがやきもち妬くんだよ。女はねやきもち妬きなんだよ」と言ったんですよ。だから、本当は文章にしたかったんだけど「Ａ４、一枚でごめんね」と言ったんですね。

きっと思いはいっぱいあったんだろうなと思って。今工藤さんに言われて、そうか、それを形にして、他にも手紙にしてあげたら喜ぶかなって…。

工藤：書けなかった部分があるってことは、空白の部分があるってことですよね。だから、空白の部分を後世の人が埋めるっていうのは芸術の世界でも結構みんなやっていることです。
例えば、音楽の世界であれば昔の有名な作曲家の書き残した部分を後世の人たちが実践してさらに創作していくのはよくある話。なら、お父さまが書きたかったであろうことを、それこそ自分が絵空事でもいいので書いてみるとか、そういうことをなさるとよろしいいんじゃないのかなと思います。

新倉：そうですね。

工藤：お父さんだったら、どう書くかなっていうのをイメージしながら膨らませて、**自分の文章力や自分の経験を乗っけていくとなると、それこそ親子が繋がる。**

新倉：繋がりますね。なんだか今それを聞いたら喜んでくれそうな気がしますね。

工藤：私は倫理を学んでいるんだけれども。それによると**親子が繋がるとまた子に繋がるんだよね。**

新倉：はい。

工藤：だから、お父さまと新倉さんが繋がったときに、新倉さんのお嬢さんや婿殿に繋がるってことが起きる。そこから先ほどの事業継承というか、そのサロンをどう残していくかの話なんだけど、文化的なものまで継承していくところまで高めることができるんじゃないのかな。

自分が娘に何を渡すかじゃなくって、自分が父とどう繋がるかってところにポイントを置いたほうが娘と繋がりやすい。これが倫理に於ける縦の繋がりの考え方だよね。

だから、出版に関しては背中を押すというか、もうこの流れなら来月にも出すしかないというか…。

新倉：今、会場の皆さんも反応しましたね。

工藤：だって、１００万字でしょう。

新倉：１００万字書いちゃいました。

工藤：もちろん、削ぎ落さなきゃいけないとこはいっぱいあるんだろうけど、でも、10万字だったら相当な厚さになるよね。

釣部：大きさにもよりますけど、世間で２００ページぐらい。

工藤：ちゃんとした本になるよね。

新倉：そうなんですか。

工藤：９割落としたって、ちゃんとした本になるわけでしょう。

新倉：そうですね、確かに。

工藤：すごいよね。

釣部：あと古いって仰いますけど、何年前に書いたってことが分かれば、逆に成長や変化が見えたり。

新倉：確かに。

釣部：例えばこれは何年って年度毎に分けて、このときはこういう時代でしたっていうのがあって、そこからブログの内容がいくつかあって、また次の年はこういう年でしたっていうのがあるなら、成長度合いとか変化度合いも読者は楽しめますよね。

新倉：ええ。

工藤：その時々に思われたことを綴ってらっしゃったんでしょう？

新倉：そうです。

工藤：これは時代と共に廃れていく考え方かもしれないけれども。基本的にまさに万代宝書房の企業理念に近いものがあると思うんですね。釣部さんの考え方を言っていいですか？

釣部：はい、どうぞ。

工藤：ベストセラーをつくりたいんじゃない、ロングセラーをつくりたいんだって思いで出版社立ち上げてらっしゃるじゃない。**ロングセラーは後世に残るからロングセラーになる**わけで。最大のロングセラーというと例えば聖書とか論語とか。千年単位の時間の流れでずっと生き続けているわけじゃない。まさにロングセラーだよね。

これは本質を含んでいるものしか後世に残らないじゃない。ただの流行りものであれば廃れていっちゃう。「あの時はそういう考え方だったけど、あの時はそういうのが流行っていたよね」と廃れちゃう。

でも、本物は絶対残るので、10年前に書かれたものの中でも本質的なものを含むものであれば全然色あせない。１００万字もあれば、９割カットした１割だけでも十分本物だけが残っていると思うので、十分いけると思いますけどね。

新倉：そうですか。勇気が湧きました。

工藤：いけると思いますよ。

新倉：そうですね。そうしてみます。まず父のそれを形にしてあげたいという気はします。

工藤：だから目標設定をそこにしちゃって。

新倉：そうですね。はい。

工藤：自分の本を出すっていうのは通過点に過ぎない。自分が書けないような状態でお父さまの本を出そうっていったって、うまくコーディネートしてあげられないじゃん。だから、まず自分が腕を上げとく。そのためにまず出すっていうこと。

　売れる売れないは出版社がなんと言うか分からないけれど、でも損得ない水準まであればやりようはいくらでもあるんで…。

新倉：そうですね。

工藤：その範囲でならたぶん出させてくれるはずなので、まず出されたらいかがですかね。

新倉：ちょっと別の角度からきちゃいましたね。

工藤：共著なんですけれど、私は過去に論語の本を書いているんですよ。ＰＨＰから『ビジネス訳 論語』というタイトルの本を友人と一緒に10年も前に出させていただいたんです。その一冊が今でもものすごく生きていて、初めて会った人が「工藤さん…えっ！ あなたの本、僕読んでいます！」とカバンから出してくれることがあるわけです。

そんなに売れた本じゃないんですよ。哲学系の本なんてそんなに部数出ないですからね。**でも、そういうことが起きて、自分のブランドをつくる**んですよ。ブランドをつくった上でならお父さんの本はもっと出しやすいよね。

新倉：そうですね。ありがとうございます。そういうことだったんだって。今日はそういうことを聴くために来たんだなって今思いました。

釣部：工藤さんがいつも仰るのは、親子関係と同じことが自分と子どもに起きると…。

工藤：相に似る形って書いて「相似形（ソウジケイ）」。**自分の親と自分のことを分からせてくれるために、子どもがそれを演じてくれる。**だから子どもを見て、私はそういうところがあったんだと、あの時自分の親はそう思ったんだと分からせてくれるために子どもが演じるんですよね。こうやってバトンって渡されていくんですよ。

新倉：確かに。

工藤：だから例えばお嬢さまか婿殿か、もしかしたらお孫さんかも知れないけど、まだ書籍になっていない新倉さんの書いた文章をどっかで見つけて、「これをなんとか世に出すのが私の使命だ」と思う子孫がいる可能性があるわけでしょう。そういう長いタームで目標設定をすると、ワクワクするでしょう。

新倉：そうですね。今かなりワクワクしています。

工藤：だから「これは出さないでおこう」と原稿を用意しとくといいね。

新倉：そうですね。

工藤：遺品から出てくるようなイメージでなにか用意しとくといい。「お母さんこんなの書いていたよ」とかね。「おばあちゃん、こんなの書いてたの」とかって…。

3、空白は自分で埋める

新倉：まさしくブログは孫に残していきたいって思いがずっとあって…。孫から次は曽孫になっていくんですけど、やっぱり後世に残したいって。倫理法人会で丸山創始者の思いがこうやって何十年経っても残っているっていうことの素晴らしさ。

　そうすると、**文章をきちっと言語化して、きちっと伝えていくことの大切さ、それが生きてきた証**かなって思っているんですね。だから、**自分の身体がなくなっても残していけるものは何か**を常に考えて、そんな生き方をしていきたい。それが自分の生き方の理想像かなと思っているんです。

釣部：お父さんの思いを受け切れていなかった？

新倉：そうかもしれないですね。

釣部：なので、子孫に渡すときも渡しきれないという。だから私の時代でと思ったけど、これでバトンを幽界というか、見えない世界で受け取ったとしたら、お子さんにも見えないバトンがもう既に渡されたかも知れない。今日はすごい日になりましたね。

新倉：意味があったと思います。両親は離婚しているんだけれども、最近母が「お父さんがかづこを守っているような気がしてならない」と頻繁に言うんですよ。実は母はすごく霊感が強い人なので、勘で生きているようなところがありまして…。

私もほとんど勘で動くところがあるので、これからはもっと父と繋がっていくような、父の思いを形にしてあげたいと、今思いました。

釣部：もう原稿は読まれている？

新倉：読んでいるんですけど…文章が硬い。ものすごく硬いんです。

工藤：昔の人は文章が硬いよね。丸山先生の文章も硬いもんね。

新倉：それを現代化するのはちょっと大変かなって。でも、それだけ文章を書くのが好きだったんでしょうね。

釣部：それは柔らかくしたほうがいい？　そのまま？

新倉：きっと読まれないと思う。

釣部：読めないぐらい硬い？

新倉：硬いです。

釣部：古いといいますか昔ながらの感じ？

新倉：はい。だから、それは現代風に直してもいいのかなって思いますね。

釣部：であれば、魂が分かる方がきちんと編集されて、それを改めて自分で読まれたほうがエネルギーは使わないというか。ヘロヘロになると思いますけどね、それをされる方は。

新倉：そうですね。

釣部：できるのを待って、できたら確認してここが違うよって。

新倉：はい。

工藤：最初お父さまから受け取ったとき、ある程度お目通しはなさったんですか？

新倉：うーん、サラッとしか…。熟読はしなかったです。

工藤：もちろんそれだけ難しかったですしね。
　でもちょっと試していただきたいことがあって。今回こういう会話をしたので、この後もう一度目を通してみてください。

新倉：はい。そうしてみます。

工藤：結局文章って魂なので、その人の思いを受け取ることなの。受け取る準備ができてないときは、単純に入ってこないんですよ。**でも、受け取る準備ができたら、難解な文章でもスッと入ってくるんです。**それを味わっていただきたいな。
　ましてや本を出したいって夢をお持ちなのであればやっておかないと読者の気持

ちが分からなくなる。文章が簡単だから読みやすい、難しいとか読みやすいってことはもちろんあります。学力の問題になっちゃうんでね。でも、それ以前に受け取る気持ちがある文章っていうのは入ってくる。関係ないと思っていると入ってこない。

新倉：入ってこなかったですね。

工藤：この鼎談方式でこういう話になったので、準備のできた状態で文章に向かったとき、読め方が変わってくるんじゃないかなと。

新倉：そうかもしれない。早速明日読んでみます。

工藤：できると読めると思いますよ。結構、読めると思う。

新倉：分かりました。やってみます。手紙も、もう一度全部読んでみようと思います。

工藤：読めると思う。

新倉：一部の手紙は講話で皆さんにお披露目している部分もあるんですよ。だからこうやって形に残してくれてありがたいなって。私には４歳の頃の父の記憶しかないですが、形に残してくれたから伝わるんですよね。すごくありがたいことをしてくれたんだなって、改めて感謝したいです。

私もそうやって残していきたいということを父から教わった感覚はなかったんですけど、きっとそういう繋がりがあったのかなって思いました。もっと父の思いを形にしてあげたら天国で喜ぶんじゃないかなと思います。ぜひやってみようと思います。

釣部：聴きながら「スター・ウォーズ」の映画のことを思い出しました。

新倉：「スター・ウォーズ」？

釣部：映画があるじゃないですか、１作〜８作。でも、最初に作られたのは３作目か４作目なんだそうです。つくりたい内容がまだ、ＣＧの技術が１作目の内容ではできていなくて、それで、３作、４作、５作から始まって、ＣＧの技術が発達してから、製作は１に戻った。そして全作が合わさって話が全部繋がる。

お父さまが１ページで少なくてごめんねと言った、その１ページを分かっているのはお母さまとご自身ですよね。

新倉：そう。分かりますよね。

釣部：その1ページを一冊にされるっていうのもどっかのタイミングでできると思うんですよ。

新倉：えー！

釣部：そうしたらわざとお父さまは1ページしか残さないようにつくれる。

工藤：まさに空白を埋めるってやつだね。

釣部：空白を埋めることもできるし。新倉かづこの人生や思いってそれはナルミサロンさんのことっていうのもあるし、今世できることが1～8まであれば、お父さまが例えば1だとする。でも1番目に出す必要はなくて、ご自身の本を出して。もしこれが仮の1だとすれば、3か4で。で、また1があって、ご自身のものがあってってっていう自分の中に順番があれば、できるとこからやられたら。

新倉：そうですね。

釣部：そのプロセス全部をサロンの方が共有されていたら、親となにかあったり、旦那や子どもとなにかあったりしたときに**自分もそういう生き方したい**なと思うかもしれない。

僕「マイライフ・イズ・マイメッセージ」という言葉が好きなんですけど、「新倉かづこ・イズ・マイメッセージ」みたいな形で、そんなふうに丁寧に**自分の生き様とか人生を見つめて、文字なり他のものなり形にできる人ってなかなかいないと思う**んですよ。

好き勝手に選んだり飛ばしたり。でも、「新倉かづこ」という人間は、それを丁寧に見る。見られない時代もあったけど、今改めて見たときに、それこそがナルミサロンの生き方、役職じゃない、人間「新倉かづこ」が「この時代にこう生きて、こう人生に向き合いました」ということが、僕はすごい財産になると思ったんですよ。

新倉：そうですね。本当にそう思います。今日はかなりのヒントをいただきました。

父からの手紙や思い出の写真の数々

第三話　不安から始まる心のブレーキ

娘が体調を崩した時の事を語る新倉氏。親になる年齢になった人でも幼少期の影響は強く受けているものです。行儀の良い子も悪い子も等しく親の愛を求めているのです。新倉氏、自分の孫に気付かされ、娘の悲しみに向き合います。娘の体はどう変化したのか？ しかし工藤直彦は、新倉氏に厳しい質問を投げかけます。どの子にも必ず父と母がいるのです。工藤直彦が、親、夫婦、子と縦に繋がり伝承されることを解説していきます。必見の内容です。

1、親の繋がりが子どもに影響を与える

新倉：今日はかなりのヒントをいただきました。それがやっぱり子どもに…。息子は工藤さんをよくご存じでね。

工藤：そうね。

キャリアウーマン時代

釣部：ちょっとお子さんのお話に移りたいんですけれども、娘さんもなにかご病気？　身体が弱かったんですか？

新倉：いえ、弱くはなくて。今はとても元気で二人の子ども（かづこさんの孫）もいるんですが、どちらの子も１８０～２００の高血圧の中でのお産だったんです。

そのとき当然私も息子も立ち会って無事に普通分娩で出産できて良かったって思っていました。でも二人目の子どもを産んだときはかなり血

圧が高かったので、薬を飲んで血圧が下がったときに力んで産んだんです。そんな状況でもちゃんと産まれて、ああ良かったたって喜びました。

赤ちゃんのお乳が終わる頃、先生から「原発性アルドステロン症の疑いがありますので、検査入院をしてください」と。私は「何だろうそれ?」と思いました。曰く、「原発性とは原因不明の病気だ」と言われて、これは私がいけないんだって瞬時に勘が働きました。これは倫理のおかげで、子どもに何かあったときに、「自分が何かいけないんだ」という考え方をすることで、「あ…きっと私が娘にそうさせたんだ」と思いました。原発性アルドステロン症というのは動脈硬化、心筋梗塞、あと血管の詰まり、それから内臓疾患で、将来そういう命の危険を伴う病気なんです。私は、「血管の詰まり」という言葉にピンときたんです。

娘が子どものころ「ママ会社行かないで! かおちゃん熱出してんのに何で会社行っちゃうのよ!」という叫びを聞きながら会社に行っていました。寂しいなんて言わせないで、いつか分かってくれるだろうと心を鬼にして会社に行きました。例え熱を出してもね。

釣部：じゃあ、お子さんは口では言わなかった?

新倉：言わなかったんです。

釣部：ただ、身体では反応していたけど…。

新倉：そうなんです。

釣部：お母さんのために我慢して…。

新倉：ええ。そうして感情を抑圧したことを、大人になって自分の子どもを産むときに「ママの身体こうなんだよ。子どものときママは我慢したでしょう」と。娘の子どもが教えてくれた。そうして本当に縦の繋がり感じたんですよ。

釣部：さっきの相似形の逆ですよね。

新倉：そう。後々娘に「ごめんね。

娘の七五三のお祝い

ママが悪かった」って。日赤病院で謝りながらギューッと抱きしめました。ハグどころじゃないです。息もできないほどに抱きしめました。とにかく「ごめんね」と。娘はされるがままで…。

そのとき、血がスーッと動いたように感じたんです。娘の身体に「こんなに硬かったのか、38歳になったのに。こんなに硬くなっていたんだ。これじゃあ血が滞るよね」と思ったんです。でも、抱きしめていくうちにフワーッと軟らかくなって、「あ、治せる」と思ったんです。**娘が「寂しかった、寂しかった」、「ママにもっと甘えたかったのにそのとき言えなかった」と泣き崩れたんです。**38の娘が小さな子どものように。こんなに顔をグチャグチャにして泣く娘を見たのは初めてだったんです。いつも無表情だったから…。

だから、「ごめんね。私がいけなかった」と謝りました。翌日娘に「なんか楽になった気がしない？」と言ったら「そう思う」と…。調べると数値も大幅に変わっていて先生もびっくりしたと、こんな実話があるんです。

娘が結婚した当時の息子と

娘が「子どもの頃に我慢して、いい子にしてしまった。ママに憧れていたから、行かないでとか、寂しいとか言っちゃいけないんだと思った」と言うんですね。そういう風に無理に我慢させた私がいけなかった。「謝ることが大事だ」と、謝罪の倫理を教えていただきました。

それから急激に娘とは本当に良い関係になったと思います。

誕生日祝いで息子がスピーチ

釣部：どうでしょうか？って聞くのも変なんですけど…。

工藤：どうしようかな。言っていいのかな？

新倉：えー、何でしょう？ドキドキしちゃう。

工藤：大丈夫だよね。子どもは一人ではできない。

新倉：ええ。

工藤：当たり前だよね。夫婦の結びつきの象徴として子どもはこの世に生み出されるわけですよ。だから、**子の生命力とか健やかさっていうのは、実は生まれた後でも親の繋がり、結びつきが結構影響する**んですよ、純粋倫理的にいうとね。産まれた後は健康・不健康とか、いろいろな医学的言い回しがあると思う。でも倫理は医学ではないので、結びつきの象徴として子が生まれ出た、その結びつきの基になるものの度合いが、生命力に関係があるんですよ。これは例えば、実は**「祖孫一連」**の話をさっきからずっとしているんだけど、お父さまとお母さまは新倉さんが幼少の頃に別れている。

新倉：はい。

工藤：最近になってお母さまが「あなたがお父さんに守られている気がするのよ」と言い出している。つまりここにきて、お父さまとお母さまの結びつきが強くなっていると考えるべきなんですよ。

戸籍上は別れて、お互いもう別の家族を持っているから再び一緒になることはないかも知れない。新倉さんご自身のお母さま、91歳のお母さまの心がお父さまのほうに寄り添い出しているわけですよ、今。じゃなかったらこの年齢になって「お父さんがあんたのこと守っているよ」なんて言う道理がない。

だからここで**親の繋がりというのは子に影響を与える**ということをしっかり学ばなきゃいけないね。お嬢さんの体調のことで倫理的なお話をしてくださったんですけれども、新倉さんご自身にその生み出しのもとであるお子さんが生まれた。もう片方との繋がりを無視してこの話を進めるのは、少し乱暴だと思います。私は論語読みなので息子さんとは親しくさせていただいているんですけど。

新倉：ありがとうございます。

工藤：彼も論語とか武士道とかいろいろなことで勉強会やっていますからね。そこに繋がっていくわけです。だから、親子三代に亘っての夫婦の結びつき、その結びつきから生まれ出た命。お父さまとお母さまは、今ので少し分かったと思うのね。

ここにきて、90歳過ぎたお母さまが最近になって「あなたのことをお父さんが守っていると思うのよ」と仰った。別れてからもう何年経つの？って話じゃない。で、婿殿とお嬢さんとの結びつきから子どもが生まれて。さて、真ん中のご自身はどうなんでしょうかと。

これをよく見つめ直されたほうがよろしいんじゃないかな。今日はオンエアされていますので、ありのまま、感じているまま全部喋るのはまずいなと思って相当オブラートに包んで喋っているんですけれども、そこなんですよ。たぶんご自身が一番分かってらっしゃると思うんですけど。

新倉：はい。分かります。

2、ふんわりまろやかなゴムまりのように生きよ

工藤：出版のことも、お父さまに繋がるってことも、娘のことも、婿殿のことも、お孫さんのことも、全部繋げるためには自分はどうなのかってことを…。

新倉：そうですね。そこはかなり深いですね。

工藤：お父さまとお母さま。娘と娘の婿殿。そしてご自身を含めて三代に亘っている。これを端折って話されてもな、と。

新倉：ああ、そうか。

工藤：スルーしてはだめなんじゃないですか？

倫理法人会で家族のことを語る

新倉：なるほど。そうですね。自分自身のことですね。

私ね、大恋愛で結婚したのに結局離婚したから我が強かったなって思うんです。自分から結婚したいってくらい、本当に好きで結婚したにも関わらず、キャリアウーマンとしてずっと頑張って働いていたんです。夫のことは好きだけどだんだん仕事が面白くなってきて。家でも外でも男性と戦っている自分。

そのころマナー講師もやっていたし、人の前に立つ仕事なので見た目は大事だと気をつけていたんですけど、それを家でも戦ってしまっている自分が、夫に対してすごくあったんですよ。これも倫理を学んだおかげで、私がいけなかったんだというのに気がついて、本当の意味の女性らしさって何かなと思って。

「ふんわりまろやかなゴムまりのように生きよ」という言葉。私はゴムまりってとっても素敵だと思うんです。でも当時の私の顔は丸くてほんわりしているように見えていたかも知れないけど、心はパンパンに膨らんでいていろいろなものを跳ね返すようなところがあったんです。それが家庭に出ちゃったんですよね。

そのせいで離婚に至ったので、本当に反省するべきですけど後悔はしていません。でも、反省はしているんです。自分から離婚を切り出しているので、今後はパートナーシップや男性との接し方をもっとしっかり学びたいな、と。そこからどのように補っていくか。それがきちっとできた上で娘たちの幸せに繋がっていると思っているので。確かに工藤さん仰るように、自分自身が大事なんだなって改めて思いました。

工藤：「今あなたのことお父さんが守っているような気がするのよ」と91歳のお母さまに言われたと仰いましたが。新倉さん自身がその年代に、90歳前後になられたときに、お嬢さまに同じこと言っているかどうかだよ。

新倉：ああ、そうですね。言えるようにならなくちゃいけない。

工藤：そう！　そうなったときに全部が縦に繋がったことになるので、たかだか本を出すか出さないってことから今日のこの鼎談って始まったような感じがするんですけど、もっともっと先の目標、その通過点の中で出版、自己実現、ビジネスがあってっていう流れの中で、最終的な目的っていうのは親子が本当にしっかり縦に繋がるということになって、新倉家っていうのもあろうし、そもそものハピネスというのがそこにあるよね。

新倉：私も離婚した後、お風呂に入っていたときに急にワーッと泣いたときがあって、

「あなたごめんなさい」と本当に詫びたんですよ。何でここでって、自分がやっぱり裸になっているから、心も裸になったんですね。

「あなたごめんなさい。幸せになってね」ということを本当に思いましたね。だから、これで自分も少し抜けたかなと思っています。

釣部：本で言いますと、シリーズになるとしてなぜ抵抗があったかを今ここまでお聴きしましたが、よく聞く「仏像造って魂

娘と孫から似てると言われた七福神

入れず」（物事をほとんど仕上げながら、肝心な最後の仕上げが抜け落ちていることの例え）という諺。言い方によっては本も仏像だと思うんですよ、シリーズが。

新倉：仏像？

釣部：仏像のように。だけど魂が入らないことを自分でご存じだったと思うんですよね。

新倉：ああ。

工藤：だからなんとなく自分でブレーキ踏んじゃうんだよね。

新倉：ブレーキしていたかも。

釣部：かたちじょうつくったって。

新倉：そう。いやだなって。

釣部：こんなの意味がないよ。だからそんな本書いても意味がないよってどっかで知っていたから。

新倉：そうかも！

釣部：今日、ご自身の魂の話を聞いたと思うのですが、本に魂が入るじゃないですか、順番に。一冊に全部じゃなくて。魂の入る本も今なら書けるし、そういう編集をされるんじゃないかなと思ったときに、それを笑う人は笑ったらいいんですよ。分かんないんですから、そういう人は。でも、分かる人はその本と魂が分かるわけです。

そういう人にだけ届けばいいと思うんですよ。それが百人なら百人だし、千人なら千人だし、百万人なら百万人。でも魂が入ってない本で笑われたら耐えられないじゃないですか。バカにされた感じがして。

新倉：はい。

釣部：それが今日もし一致されて、あとはこれをどう入れていくか、どう形をとるかだけとしたらもうゴーというか。

新倉：ええ。そうですね。

釣部：一番欲しかったものがもしかしたら今日、手に入られたのかなという気がしたんですけども…。

新倉：おっしゃるとおりです。そこができたら、あとはスルスルっといきそうな気がします。その糸口が非常に見えました。何に対してブレーキをかけていたのかが自分では分からなくて、今日それをぜひ知りたくて来ました。

釣部：もう時間となってしまったんですけれど、最後に1時間通してどうでしたか？

新倉：あっという間でした。最初は緊張していたんですけれど、やっぱり楽しいですね。それにもっと奥の奥を知ることができて、なぜ心にブレーキをかけていたのかが、何を不安に思っていたのかが分かりました。ありがとうございました。

釣部：また懇親会もあるので、そこでは言えない話もしていただいて。

新倉：そうですね、ありがとうございました。

釣部：工藤さんどうでしたでしょうか。

工藤：今差し出がましいこと申し上げましたけど、とりあえずはお父さまの書かれたあの文章をもう一回読み返されてみるところから。これだけでもびっくりすること起きると思いますけどね。「え、そんなこと書いていたの!?」って、見ているはずなのに自分がスルーしているものがいっぱい出てくるはずなので。

新倉：そうかもしれないですね。

工藤：楽しんでください。

新倉：はい。分かりました。

釣部：また本を出された後、ゲストに来ていただいて続編をお聞きしたいと思います。

新倉：はい。ぜひぜひお願いします。

釣部：今日はありがとうございました。

新倉：ありがとうございました。

工藤：ありがとうございました。

釣部：また、ギャラリーの皆さんどうもありがとうございます。

陽だまりの中で母と語らう

【新倉かづこプロフィール】
株式会社ナルミ 代表取締役
企業研修・セミナーマナー講師
魅せるマナーコンシェルジュ

上質な輝きを放ち自分らしさを追求する紳士淑女が集う新倉かづこコミュニティ「ナルミサロン」主宰

生き生きと輝くためには
ふんわりまろやかなゴムまりのように
～親と繋がると子に繋がる！

2020年11月25日 第1刷発行
著　者 新倉 かづこ
　　　 工藤 直彦
発行者 釣部人裕
発行所 万代宝書房
〒176-0012 東京都練馬区豊玉北5丁目24-15－1003
電話 080-3916－9383 FAX 03-6914-5474
ホームページ：http://bandaiho.com/
メール：info@bandaiho.com
印刷・製本 小野高速印刷株式会社

ISBN 978-4-910064-32-1 C0036

装丁・デザイン／小林 由香

万代宝書房について

みなさんのお仕事・志など、未常識だけど世の中にとって良いもの（こと）はたくさんあります。社会に広く知られるべきことはたくさんあります。社会に残さなくてはいけない思い・実績があります！　それを出版という形で国会図書館に残します！

「万代宝書房」は、「**『人生は宝』、その宝を『人類の宝』まで高め、歴史に残しませんか？**」をキャッチにジャーナリスト釣部人裕が二〇一九年七月に設立した出版社です。

「実語教」（平安時代末期から明治初期にかけて普及していた庶民のための教訓を中心とした初等教科書。江戸時代には寺子屋で使われていたそうです）という千年もの間、読み継がれた道徳の教科書に『富は一生の宝、知恵は万代の宝』という節があり、「お金はその人の一生を豊かにするだけだが、知恵は何世代にも引き継がれ多くの人の共通の宝となる」いう意味からいただきました。

誕生間がない若い出版社ですので、アマゾンと自社サイトでの販売を基本としています。多くの読者と著者の共感をと支援を心よりお願いいたします。

二〇一九年七月八日

万代宝書房